KNISTER

Hexe Lillis Sachwissen
Sterne und Planeten

Konzeption von Bettina Gutschalk

Mit farbigen Bildern
von Birgit Rieger
und Milada Krautmann

KNISTER,
geboren 1952 in Wesel.
KNISTER schreibt Bücher, macht Musikkassetten und CD-ROMs.
Verrückt, lustig und spannend! Immer!
Lieblingsfarbe: BUNT
Lieblingsessen: Spaghetti zu jeder Tageszeit
Hobby: In einer Rockband spielen
Sternzeichen: Frosch

Bettina Gutschalk
studierte Kinder- und Jugendliteratur und arbeitet seit vielen Jahren
als Journalistin und Buchautorin. Für Kinder und Jugendliche
schreibt sie Sachbücher, Ratekrimis und Quizbände.

Birgit Rieger
studierte Grafikdesign an der Hochschule der Künste Berlin
und arbeitet seit 1980 als freie Kinder- und Jugendbuch-Illustratorin.
Die von ihr illustrierten Bücher – allen voran „Hexe Lilli" –
erscheinen in vielen Ländern der Welt.

Milada Krautmann
hat ihre künstlerische Ausbildung an der Kunstgewerbehochschule in Prag
sowie in Brüssel und Paris erhalten. Der größte Anteil ihrer Illustrationen
ist Naturthemen gewidmet. Sie ist für zahlreiche Verlage tätig, vorwiegend
im Kinder- und Jugendbuchbereich.

In neuer Rechtschreibung

1. Auflage 2009
© Edition Bücherbär im Arena Verlag GmbH, Würzburg 2009
Alle Rechte vorbehalten
Einband und Innenillustrationen: Birgit Rieger, Milada Krautmann
Illustrationen mit Hexe Lilli: Birgit Rieger
Sachillustrationen: Milada Krautmann
Gesamtherstellung: Westermann Druck Zwickau GmbH
ISBN 978-3-401-09421-2

www.arena-verlag.de

Inhalt

Liebe Weltallfreundinnen und -freunde	4
Wie entstand das Universum?	8
Wie sieht unser Sonnensystem aus?	12
Was weißt du über die Erde?	16
Wie heißen die Planeten?	20
Was bewirken Sonne und Mond?	24
Wie viele Sterne gibt es?	28
Was sind Sternbilder?	32
Welche Himmelskörper gibt es noch?	36
Wie wird das Weltall erforscht?	40
Lillis Quatschgeschichte	44
Auflösungen	46
Register	47

Liebe Freunde und Freundinnen der Sterne und Planeten,

ihr könnt euch sicher denken, welcher mein liebster Himmelskörper im unendlichen Universum ist. Richtig, wer mein Mondabenteuer gelesen hat, weiß: Es ist natürlich der Mond. Damals habe ich zur Vorbereitung dieser Expedition Berge von Sachbüchern verschlungen.
Und wer hat mich wieder einmal beim Lesen gestört? Natürlich Leon!
„Lilliiiiie, liest du mir was vom Mond vor?", fragte er mit zuckersüßer Stimme.
„Das geht nicht", sagte ich genervt. „Dies ist ein Sachbuch und keine Geschichte. Das verstehst du alles noch nicht!"
„Ich will aber", knatschte Leon.
Ich stieß einen galaktischen Seufzer aus. „Also gut, ich erzähle dir eine schöne Geschichte vom Mond, danach lässt du mich aber weiter in Ruhe lesen."
Gespannt setzte sich Leon zu mir auf mein Bett und ich

begann: „Weit, weit weg von hier lebte einst ein sehr alter, sehr merkwürdiger Mann. Er war dreieinhalb Meter groß und von Kopf bis Fuß dunkelblau."
„Typisch für den Weltraum", lachte Leon begeistert. „Das gefällt mir."
„Der Mann wohnte ganz allein auf dem Mond, deshalb hieß er auch nur der Mann im Mond.
Dem Mann im Mond war die Ruhe sehr wichtig, denn er hatte ein furchtbar empfindliches Gehör. Deshalb gefiel es ihm auf dem leeren Mond besonders gut. Er mochte mit niemandem sprechen, denn auch das leiseste Flüstern bereitete ihm Ohrenschmerzen.
Eines Tages traute der Mann im Mond seinen empfindlichen Ohren nicht. Er vernahm ein Geräusch. Zuerst ganz leise, weil es von weit her aus dem Weltall kam, aber es wurde lauter und lauter. Ein Raumschiff von der Erde hatte den Weg zum Mond gefunden. Oh Schreck, dem Mann im

Mond rauschte es in den Ohren. Mit schmerzverzerrtem Gesicht hob er ein Stück Mondgestein auf und feuerte es wütend in Richtung des Flugobjekts. Du musst wissen, dass die Anziehungskraft des Mondes sehr gering ist. Das bedeutet, dass alles viel leichter ist als auf der Erde. Man kann also auch einen riesigen Brocken richtig heftig wegschleudern. Das Raumschiff wich dem Geschoss mit einem Schlenker aus und hätte um ein Haar den Mann im Mond über den Haufen geflogen. Der schaffte es gerade noch sich mit einem Hechtsprung aus der Gefahrenzone zu retten. Leider sprang er ein wenig zu weit, geriet so in eine Mond-Umlaufbahn und kreiste und kreiste und kreiste. Und kam nicht mehr zurück."

„Fliegt er immer noch da oben herum?", fragte Leon.
„Nun, der Mann im Mond drehte seine Runden und weil gerade abnehmender Mond war, wurde er bei jeder Runde kleiner. Pech für ihn. Doch damit nicht genug: Vom ständigen Kreisen wurde ihm übel. Er fühlte sich so schlecht, bis er nicht mehr dunkelblau war, sondern giftgrün.

Irgendwann kam zufällig eine Rakete vorbei und kreuzte die Umlaufbahn des Mannes. Aus dem Mann im Mond war inzwischen zwar ein Männchen um den Mond geworden, aber dieses Männchen war nicht dumm! Blitzschnell hielt es sich an der Rakete fest. Aber wieder Pech! Leider war die Rakete nicht auf dem Weg zum Mond, sondern flog zum Mars. So kam es, dass aus dem großen Mann im Mond ein kleines grünes Marsmännchen wurde …"
„Von kleinen Marsmännchen habe ich schon einmal gehört!", bestätigte Leon aufgeregt.
„Dann lass mich jetzt bitte in Ruhe lesen, damit ich dir öfter so aufregende Geschichten erzählen kann."

„Klaro, wird gemacht!", antwortete Leon brav.
So – euch Weltraumexperten kann man solche Lügengeschichten natürlich nicht auftischen. Und nach der Lektüre dieses Buches erst recht nicht mehr, wetten?

Viel Spaß beim Lesen und Entdecken
wünscht dir
Deine Geheimhexe

Lilli

Wie entstand das Universum?

Ein lauter Knall – so fing alles an. Mit dem sogenannten „Urknall" entstand vor 15 Milliarden Jahren das Weltall. Das war der Beginn von Raum und Zeit.

Unter dem Urknall musst du dir eine gewaltige Explosion vorstellen, bei der riesige Mengen heißer Gase in den Kosmos geschleudert wurden. Der so entstandene Feuerball dehnte sich aus und kühlte dabei ab.

Aus Staub werden Sterne
Staub- und Gaswolken wirbelten durch das Weltall. Die Asche des Feuerballs verdichtete sich innerhalb von vielen Millionen Jahren zu leuchtenden Gasbällen. Das waren die ersten Sterne.

Du kannst es dir wahrscheinlich schwer vorstellen, aber vor dem Urknall gab es – nichts.

Wie sieht das Universum aus?

Das Universum ist ein unendlich großes Gebilde. Darin befinden sich viele große blasse Leuchtwolken. Sie bestehen aus unzähligen Lichtinseln, den Galaxien. Das sind riesengroße Sternensysteme. Zwischen den Leuchtwolken gibt es große Löcher. Sie sind einfach nur tiefschwarz und leer.

Schwarzer Lichtschlucker

Ein schwarzes Loch ist unglaublich schwer und zieht deshalb alles in seiner Umgebung in sich hinein – sogar Licht. Deshalb ist es tiefschwarz und somit unsichtbar. Daher kommt auch der Name „schwarzes Loch".

Galaxien in Bewegung

Das Universum besteht aus unzähligen Galaxien. Die Galaxie, in der sich die Erde befindet, ist nur eine von vielen Millionen. Forscher haben festgestellt, dass sich die Galaxien alle mit hoher Geschwindigkeit voneinander entfernen. Das liegt daran, dass die ungeheure Wucht des Urknalls immer noch nachwirkt. So wird das Universum immer größer.

Die Milchstraße ist etwa 10 Millionen Jahre alt und besteht aus rund 100 Milliarden Sternen.

Genau gelesen?

Was macht das Weltall?

a) Es dreht sich um die Sonne.
b) Es dehnt sich aus.
c) Es schrumpft.

Die Milchstraße

Unser Planetensystem befindet sich in der Galaxis „Milchstraße". Die Milchstraße erscheint am Nachthimmel wie ein milchig verschwommenes Band, das sich über den ganzen Himmel zieht.

Wie sieht unser Sonnensystem aus?

Am Rande einer der großen Leuchtwolken im Universum stoßen wir auf einen kleinen gelben Stern: unsere Sonne. Ein kleines Staubkorn umkreist sie – die Erde.

Unsere Erde und alle Himmelskörper in unserer Nähe bilden unser Sonnensystem. Sein Mittelpunkt ist die Sonne. Acht Planeten umkreisen sie. Diese werden wiederum selbst von Himmelskörpern umrundet – z.B. von Monden. Außerdem gibt es Zwergplaneten, Kometen, Meteoriten und Planetoiden.

Nur eines von vielen
Unser Sonnensystem in der Galaxie Milchstraße ist nur eines von unendlich vielen Sonnensystemen im All. Der Mittelpunkt der Milchstraße ist etwa 28.000 Lichtjahre von unserem Sonnensystem entfernt. Ein Lichtjahr ist die Strecke, die das Licht innerhalb eines Jahres zurücklegt.

Immer im Kreis herum

Die Milchstraße sieht von oben aus wie eine mehrarmige Spirale, die sich langsam um sich selbst dreht. Unser Sonnensystem kreist extrem schnell um das Zentrum der Milchstraße, nämlich mit einer Geschwindigkeit von etwa 220 m pro Sekunde. Trotzdem braucht unsere Sonne nahezu 200 Millionen Jahre, um das Zentrum der Milchstraße einmal ganz zu umrunden.

Unser Planetensystem befindet sich am Rand der Milchstraße im Orion-Arm.

Licht an!

Die Planeten sind große Gesteins- oder Gasbälle, die selbst kein Licht abgeben. Licht spendet nur die Sonne, denn sie ist ein Feuerball. Die Sonne beleuchtet die Planeten – auch die Erde und den Mond. Am Himmel sehen wir den Widerschein dieses Lichts bei Mars, Merkur, Venus, Jupiter und Saturn mit bloßem Auge. Sie sehen deshalb für uns wie Sterne aus, obwohl sie keine sind.

Auf den anderen Planeten unseres Sonnensystems existiert kein menschliches Leben. „Marsmenschen" gibt es nur im Film.

Planeten unseres Sonnensystems

Zu unserem Sonnensystem gehören die Planeten Merkur, Venus, Erde, Mars, Jupiter, Saturn, Uranus und Neptun. Bis zum Jahr 2006 wurde noch Pluto dazugezählt, doch den rechnen die Wissenschaftler heute zu den Zwergplaneten, weil er sehr viel kleiner ist. Einige Planeten haben Monde, die sie umkreisen, andere, wie der Saturn, haben neben den Monden auch noch Ringe.

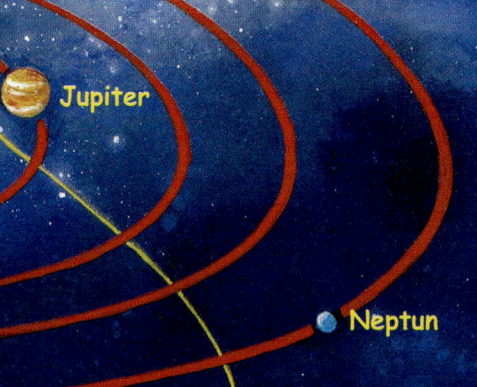

Unendliche Weiten

Lilli sucht den Weg zum Planeten Neptun. Wie viele Kilometer muss sie insgesamt noch fliegen?

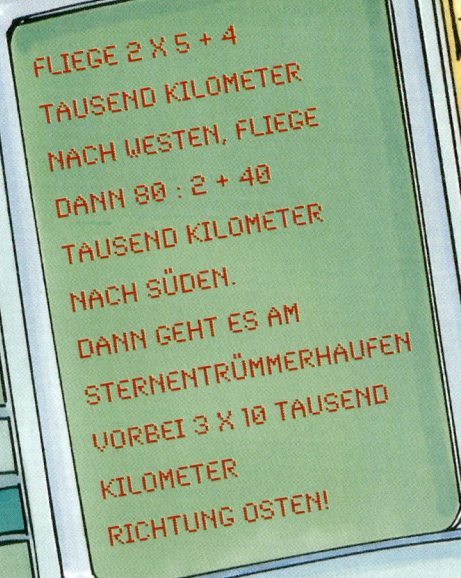

FLIEGE 2 X 5 + 4 TAUSEND KILOMETER NACH WESTEN, FLIEGE DANN 80 : 2 + 40 TAUSEND KILOMETER NACH SÜDEN. DANN GEHT ES AM STERNENTRÜMMERHAUFEN VORBEI 3 X 10 TAUSEND KILOMETER RICHTUNG OSTEN!

Was weißt du über die Erde?

Sie ist rund – na und? Wir wissen das. Früher aber dachten die Menschen, die Erde sei eine Scheibe und die Sonne drehe sich um die Erde.

Nikolaus Kopernikus verkündete im 16. Jahrhundert, dass sich die Sonne um die Erde dreht. Kaum jemand nahm ihn ernst. Etwa hundert Jahre später wurde Galileo Galilei sogar der Ketzerei beschuldigt, als er behauptete, die Erde sei eine Kugel, die sich um die Sonne drehe. Er musste seine Aussage widerrufen, sonst wäre er bestraft worden! Erst viel später setzte sich das neue Weltbild durch.

Der blaue Planet
Der Umfang der Erde beträgt über 40.000 km. Zwei Drittel der Erdoberfläche sind mit Ozeanen und Meeren bedeckt. Deshalb wirkt die Erde vom Weltall aus betrachtet wie eine blaue Kugel. Daher stammt auch der Beiname „der blaue Planet".

Tag und Nacht

Da die Erde eine Kugel ist, kann die Sonne immer nur eine Hälfte der Erde beleuchten. Dort ist es dann Tag. Die andere Seite liegt im Dunkeln. Dort ist es Nacht. Da sich die Erde aber innerhalb eines Tages einmal um sich selbst dreht, werden ständig andere Gebiete von der Sonne erhellt. Während es bei uns Nacht ist, ist es z.B. in Australien Tag und umgekehrt.

Die Erde ist rund 4,5 Milliarden Jahre alt.

Einmal im Jahr

Die Erde kreist innerhalb eines Jahres einmal um die Sonne. Da ihre Umlaufbahn aber nicht kreisförmig, sondern oval ist, ändert sich der Abstand zwischen Sonne und Erde ständig. Anfang Juli hat die Erde den größten Abstand zur Sonne, Anfang Januar den kleinsten. Bei dieser Umrundung der Sonne dreht sich die Erde aber auch um sich selbst.

Wenn die Sonneneinstrahlung auf der Nordhalbkugel zunimmt, ist Frühling, wenn sie abnimmt, ist Herbst.

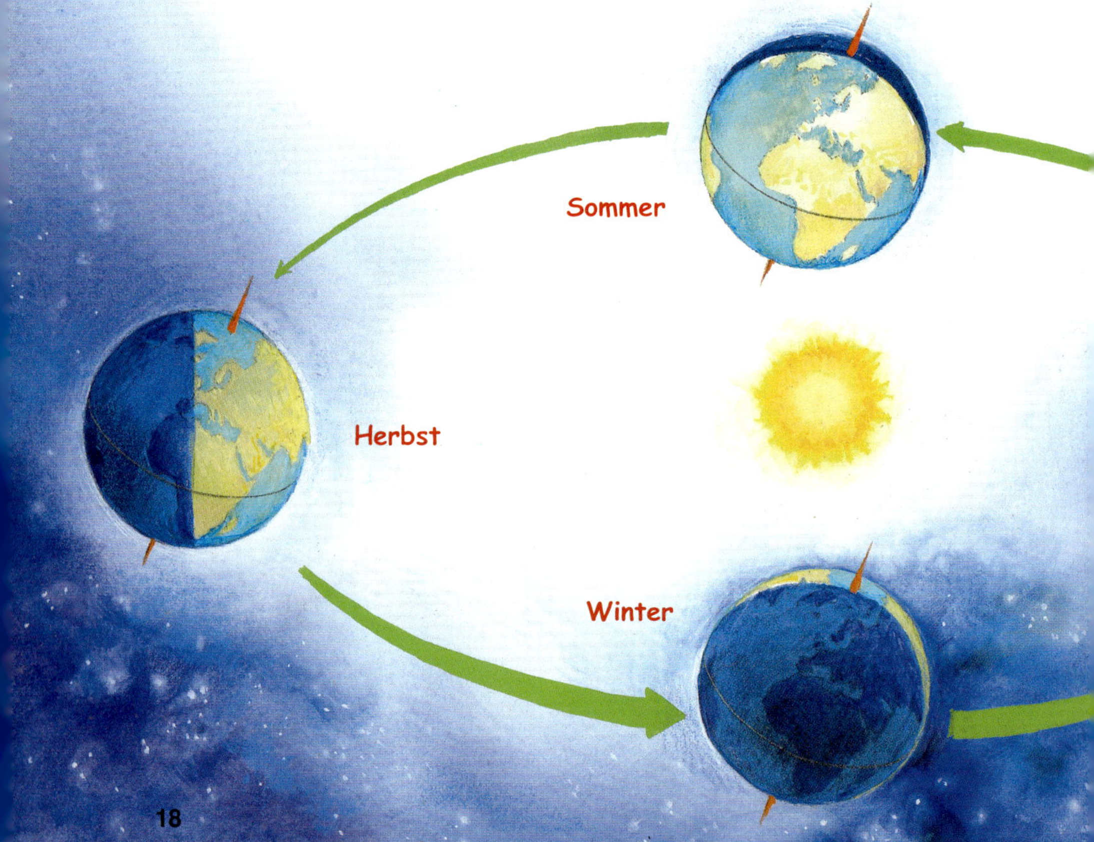

Sommer

Herbst

Winter

Die Jahreszeiten

Im Dezember ist der Nordpol von der Sonne abgewandt. Deshalb herrscht dort Winter: Die Tage sind kürzer als sonst, die Nächte länger. Es ist kalt. Im Juni ist der Nordpol der Sonne zugewandt. Dann sind die Tage im Norden länger als die Nächte. Die Temperaturen sind wärmer.

Frühling

Zähl die Sterne!

Lilli hat mit dem Superteleskop ferne Galaxien gefunden. Zwei Galaxien bestehen aus gleich vielen Sternen. Finde sie!

a) 7 x 7
b) 13 + 8
c) 32 : 8
d) 61 − 12

Wie heißen die Planeten?

Unser Sonnensystem besteht aus viel mehr Himmelskörpern als Sonne, Mond und Sternen! Acht Planeten und viele andere Erscheinungen umkreisen unsere Sonne.

Merkur, Venus, Mars: Ihre Namen erhielten die Planeten nach römischen Göttern. Manche Planeten in unserem Sonnensystem haben eine feste Oberfläche, andere bestehen fast nur aus Gas. Einige haben Monde, von denen sie umrundet werden. Andere besitzen außerdem Ringsysteme.

Innere und äußere Planeten
Zwischen Mars und Jupiter kreist ein Asteroidengürtel um die Sonne. Er besteht aus Milliarden von Gesteins- und Metallbrocken. Durch ihn werden die sogenannten inneren und die äußeren Planeten voneinander getrennt.

Merkur
Der Merkur ist der schnellste aller Planeten unseres Sonnensystems: Nur 88 Tage braucht er,
um die Sonne zu umrunden.

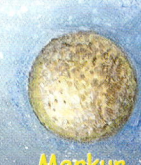
Merkur

Venus

Die Venus ist fast so groß wie die Erde und neben Sonne und Mond der hellste Himmelskörper. Allerdings ist die Oberfläche der Venus völlig lebensfeindlich und über 460 Grad Celsius heiß.

Erde

Die Erde ist der einzige Planet unseres Sonnensystems, auf dem menschliches Leben möglich ist, denn er besitzt als einziger eine Atmosphäre mit Sauerstoff und Wasser in flüssiger Form. Sie wird von einem Mond umrundet.

Mars

Der „rote Planet" hat seine Farbe vom rosthaltigen Staub, mit dem er bedeckt ist. Die Welt dort ist sehr lebensfeindlich. Wasser gibt es nur an den vereisten Polen.

Die Venus ist von einer giftigen Gashülle umgeben.

Jupiter

Er ist der größte Planet. 1335-mal hätte die Erde in ihm Platz. Der Jupiter ist eine Gaskugel mit einem nur ganz kleinen festen Kern. Auf seiner Oberfläche toben ständig Stürme.

Saturn

Der Saturn ist der zweitgrößte Planet und ebenso wie der Jupiter eine riesige Gaskugel ohne feste Oberfläche. Auffällig sind seine Ringe. Zwar haben alle Gasplaneten ein Ringsystem, doch das des Saturns ist am schönsten. Die Ringe bestehen aus Eis- und Gesteinsbrocken.

Viele Planeten haben Monde, manche wie der Jupiter sogar mehrere. Immer neue Monde werden entdeckt, so dass sich der Stand der Forschung ständig ändert.

Saturn

Jupiter

Uranus
Nur mithilfe eines Fernrohrs kann man den Uranus erkennen. Auch er ist ein Gasriese mit einem Ringsystem und vielen Monden.

Neptun
Aufgrund seiner stark bläulichen Farbe wurde der Neptun nach dem römischen Meeresgott benannt. Die Farbe kommt daher, dass die Atmosphäre des Neptuns mehr Methangas enthält als die der anderen Gasriesen.

Zwilling gesucht!

Nur zwei Planeten sehen gleich aus. Welche?

Was bewirken Sonne und Mond?

Sie strahlen besonders hell am Himmel: Sonne und Mond. Wie kommt das? Beide erscheinen wie große leuchtende Scheiben. Dabei hat ihr Licht völlig verschiedene Ursachen.

Die Sonne

Sie ist ein riesiger Feuerball, der hauptsächlich aus Wasserstoff- und Heliumgas besteht. Die Sonne ist also eigentlich ein Stern. Sie erscheint für uns nur deshalb nicht so klein wie die Sterne, weil sie der Erde sehr viel näher ist. An ihrer Oberfläche ist es 5.780 Grad Celsius heiß. Die Sonne entstand vor 5 Milliarden Jahren und ist 109-mal so groß wie die Erde.

Kein Leben ohne Licht

Die Sonne ist lebenswichtig für uns, denn sie schenkt uns Licht und Wärme. Nur mithilfe ihres Lichtes können die Pflanzen Sauerstoff erzeugen, den wir zum Atmen brauchen. Auch die Lebensmittel auf unseren Feldern lässt sie wachsen.

Mit Lichtgeschwindigkeit durchs All

Acht Minuten braucht das Licht der Sonne, um zur Erde zu gelangen. Wenn du die Strecke laufen wolltest, wärst du 4.400 Jahre unterwegs!

Niemals darf man direkt in die Sonne schauen, sonst kann man blind werden.

1969 betrat der Amerikaner Neil Armstrong als erster Mensch den Mond. Der Mond ist der erste und bisher einzige Planet, der von Menschen besucht wurde.

Der Mond

Im Gegensatz zur Sonne ist der Mond kein Feuerball, sondern eine Gesteinskugel, die von der Sonne angestrahlt wird und nur deren Licht widerspiegelt. Er leuchtet also nicht selbst. Auf dem Mond gibt es weder Wasser noch Luft, sondern nur Geröll. Da er keine Atmosphäre hat, also keine schützende Lufthülle wie die Erde, ist er nicht vor Meteoriten sicher, die auf ihn einprasseln. Daher stammen seine vielen Krater.

Einen Monat braucht der Mond

Der Mond kreist in 27,3 Tagen einmal um die Erde. Daher kommt der Begriff Monat. Der Mond umrundet die Erde innerhalb eines Jahres 12-mal. Deshalb gibt es 12 Monate. Die Monate wurden nach römischen Göttern und Kaisern benannt, so z.B. der August nach dem Kaiser Augustus, der März nach dem Kriegsgott Mars.

Erinnerst du dich?

Von welchem Planeten kommen die grünen Männchen, die Lilli auf dem Mond trifft?*

*Von Lillis spannenden Weltraumabenteuern erzählt das Buch „Hexe Lilli fliegt zum Mond".

Wie viele Sterne gibt es?

Geheimnisvoll blinken sie am Nachthimmel – schon seit Jahrtausenden beschäftigen die Sterne die Fantasie der Menschen. Mit bloßem Auge erkennen wir etwa 2000 bis 3000 Stück am Nachthimmel.

Es gibt aber im gesamten Weltall viele Milliarden Sterne. Wie viele genau, kann niemand sagen, da das Weltall unendlich ist.

Was sind Sterne?
Am Himmel erscheinen sie wie winzige, funkelnde Lichter. In Wahrheit sind sie ebenso wie unsere Sonne riesige Feuerbälle, die von selbst strahlen. Da sie aber sehr weit entfernt sind, erscheinen sie wie Punkte. Sterne bestehen hauptsächlich aus Wasserstoffgas, das in ihrem Innern durch eine Atomkernverschmelzung in Heliumgas umgewandelt wird.

Sterne sind Sonnen, die nur viel weiter von uns entfernt sind als unsere Sonne. Deshalb wirken sie so klein.

Von Zwergen und Riesen

Sterne verändern im Laufe ihres Lebens ihre Form und ihre Farbe. Wenn ihr Brennstoffvorrat, das Wasserstoffgas, zur Neige geht, sterben sie und verlöschen. Handelt es sich um einen ursprünglich nicht allzu großen Stern, bläht er sich an seinem Lebensende zu einem viel größeren „Roten Riesen" auf. Millionen Jahre später stößt er seine äußere Hülle ab und endet als nur noch schwach leuchtender „Weißer Zwerg".

Roter Riese

Weißer Zwerg

Supernova

Sehr große Sterne wachsen ebenfalls zu einem Roten Riesen an. Danach enden sie jedoch in einer gewaltigen Explosion, die kurze Zeit heller als Milliarden Sonnen aufleuchtet. Das nennt man Supernova. Übrig bleibt nur ein Restkern, der sich zu einem Schwarzen Loch oder einem Neutronenstern entwickeln kann. Ein Neutronenstern ist im Vergleich zu anderen Sternen winzig klein, hat aber eine sehr dichte Masse. Ein kirschgroßes Stück davon wäre auf der Erde 100 Millionen Tonnen schwer!

Supernova

Bis ein Stern vom Roten Riesen zu einem Weißen Zwerg oder einer Supernova wird, vergehen Millionen von Jahren.

Fremde Sachen

Was gehört nicht ins Weltall?

Was sind Sternbilder?

Großer Bär, Kleiner Wagen, Schlange oder Delfin: Am Sternenhimmel gibt es allerhand Figuren zu sehen. „Sternbilder" werden sie von Astrologen genannt.

Astrologen sind Leute, die das Schicksal der Menschen aus den Sternen herauslesen wollen, sogenannte „Sterndeuter". Im Unterschied zu ihnen gibt es die Astronomen, die das Weltall wissenschaftlich erforschen.

Im Namen der Götter

88 verschiedene Sternbilder gibt es. Sie drehen sich um den Polarstern. Schon die alten Griechen kannten diese Bilder. Sie meinten, in ihnen göttliche Wesen zu erkennen und gaben ihnen deshalb Namen aus ihrer Götter- und Sagenwelt. Diese Namen haben viele der Sternbilder behalten. Lilli hat einige Sternbilder herausgesucht:

Den großen Wagen hält man in Sibirien für einen Elch.

Großer Wagen

Sieben Sterne bilden den Großen Wagen.
Im alten Ägypten sahen die Menschen darin einen Stier mit einem Menschen. In den USA hält man das Sternbild für einen großen Schöpflöffel.

Kleiner Bär

Er wird auch Kleiner Wagen genannt. Die meisten seiner Sterne leuchten nur schwach. An seiner Schwanzspitze steht der Polarstern, der immer nach Norden zeigt.

Nordhalbkugel

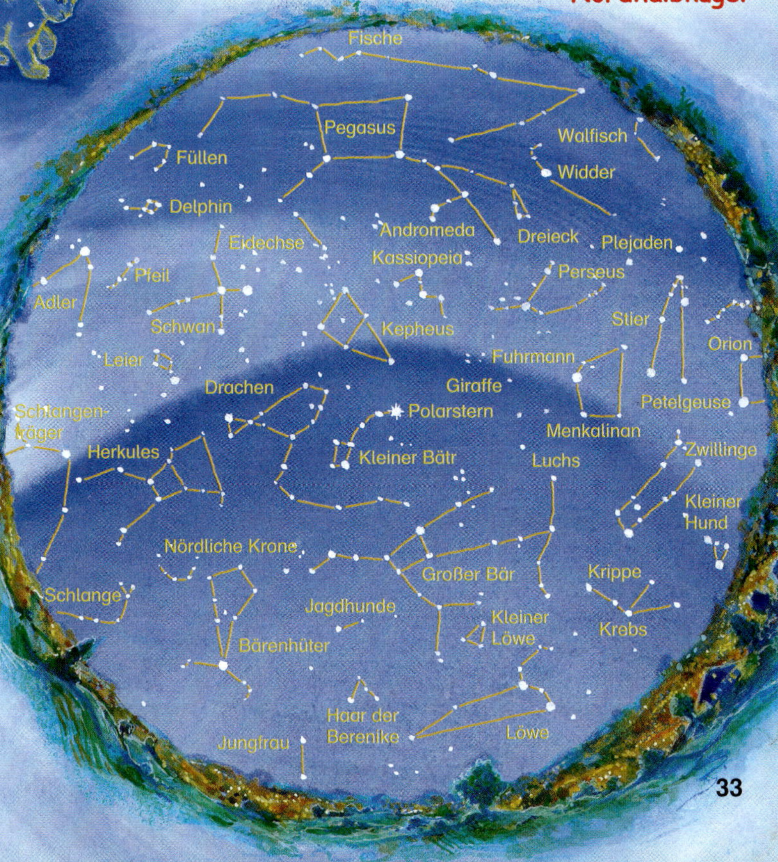

Andromeda

Andromeda ist eine junge Frau aus einer griechischen Sage, die von ihren Eltern an einen Felsen gekettet wurde, um sie dem Meeresungeheuer Poseidon zu opfern.

Pegasus

Pegasus ist ein geflügeltes Pferd aus der griechischen Sagenwelt. Der Held Perseus ritt auf ihm über den Himmel.

Diese fünf Sternbilder stammen alle aus derselben griechischen Sage.

Perseus

Kreuz des Südens

Da Europa auf der Nordhalbkugel liegt, sind einige Sternbilder des Himmels der Südhalbkugel dort nie zu sehen, z.B. das „Kreuz des Südens".

Welches Sternbild gibt es nicht?

a) Großer Wagen

b) Kleiner Bär

c) Dicker Fisch

Welche Himmelskörper gibt es noch?

Ein Stern mit einem Schweif führte die Heiligen Drei Könige zum Jesuskind in der Krippe. So erzählt es die Bibel.

Der Schweifstern war ein Komet, sagen die Wissenschaftler. Der Leuchtschweif der Kometen begeisterte die Menschen schon immer. In Sagen und Legenden wurden Kometen als Ankündigungen von Unheil aber auch als Glücksbringer verstanden.

Berühmt ist der Halleysche Komet. Er erscheint alle 76 Jahre. Benannt ist er nach seinem Entdecker Edmond Halley (1656-1742).

Schmutzige Eisbälle

Kometen sind große Klumpen aus Staub und Gestein, Wassereis und gefrorenem Gas. Manchmal wird ein Komet am Nachthimmel sichtbar. Das geschieht so: Sobald er sich der Sonne nähert, erwärmt sie ihn. Dabei entsteht eine Nebelwolke aus Gasen, die verdampfen, und feinem Staub. Diese Nebelwolke nennt man „Koma". Der Sonnenwind zieht das Koma in die Länge und bringt es zum Leuchten. So entsteht der Schweif. Er kann 100 Millionen Kilometer lang sein!

Sternschnuppen

Kometen geben große Staubmengen ab. Wenn kleine Gesteinsteile daraus, sogenannte Meteoroide, die Umlaufbahn der Erde kreuzen, können sie in die Erdatmosphäre eintreten. Dabei entsteht Reibungshitze, die den Meteoroiden aufglühen lässt. Dann fällt er als „Meteor", im Volksmund „Sternschnuppe" genannt, vom Himmel. Wenn der Meteoroid zu groß ist und nicht vollständig verglüht, schlägt er als Meteorit auf der Erde ein.

Die Leuchtspur des Meteoroiden wird „Meteor" oder „Sternschnuppe" genannt.

Weißt du Bescheid?

Wie nennt man einen Meteoroiden, der am Himmel verglüht?

a) Glühwürmchen

b) Blitz

c) Sternschnuppe

Wie wird das Weltall erforscht?

Schon seit Tausenden von Jahren erforschen die Menschen den Sternenhimmel. Früher allerdings nur mit bloßem Auge.

Erst die Erfindung des Fernrohres oder Teleskops im Jahr 1608 durch den Niederländer Hans Lippershey machte einen Blick in die Tiefen des Alls möglich. Der Italiener Galileo Galilei entwickelte das Gerät weiter. Einige Jahrzehnte später erfand der Engländer Isaac Newton das Spiegelteleskop.

Auf der Erde und in der Luft

Heute haben die Astronomen hochmoderne Teleskope. Manche stehen auf der Erde – wegen der besseren Sicht meist auf Berggipfeln. Seit 40 Jahren gibt es auch Teleskope im Weltraum. Sie sind so groß wie ein Minibus und umkreisen die Erde. Dort fangen sie Informationen aus dem All ein und geben sie an die Erde weiter. Das bekannteste ist das Hubble-Weltraumteleskop.

Modernes Teleskop

Raumsonden und Landegeräte

Raumsonden sind mit allerlei Geräten ausgestattete, computergesteuerte Raumfahrzeuge, die ins Weltall fliegen, um Informationen zu sammeln. Manche Sonden fliegen an den Himmelskörpern vorbei und nehmen im Flug Informationen auf. Andere können auch landen und sich dort bewegen. Sie werden Rover genannt.

Mit der Erfindung des Spiegelteleskops wurde Isaac Newton der Urvater des Hubble-Weltraumteleskops.

Menschen im All

Rund 400 Männer und Frauen waren in den vergangenen 50 Jahren im Weltall. Die meisten kreisten auf einer Umlaufbahn um die Erde, nur 26 betraten den Mond. Geplant ist, dass in der Zukunft auch Menschen zum Mars fliegen. Da die Reise hin und zurück aber drei Jahre dauert, muss noch viel geforscht werden, damit die Astronauten den langen Flug überleben. Bis dahin forschen sie nahe an der Erde in der Raumstation ISS.

Internationale Raumstation ISS

Zukunftspläne

Zukünftig sollen auch weit entfernte Galaxien erforscht werden. Vielleicht werden irgendwann auch Menschen auf anderen Planeten leben oder zumindest in einer Raumstation, die um die Erde kreist, Urlaub machen können. Und natürlich forschen die Wissenschaftler auch immer noch nach außerirdischem Leben im Weltall.

16 Nationen, darunter Deutschland, die USA, Russland und Japan, forschen auf der internationalen Raumstation ISS gemeinsam.

Schau genau!

Lilli mit ihrem Raumschiff auf dem Mars: Finde die fünf Unterschiede!

Lillis Quatschgeschichte

Lilli erzählt Leon, was sie über das Weltall alles weiß. Doch wieder mal tischt sie ihm viel Unfug auf. Was stimmt und was ist falsch?

Das Weltall ist unverstellbar groß: 100 Millionen Quadratkilometer! Und es dehnt sich immer mehr aus. Entstanden ist es aus dem Urknall. Gleichzeitig entstand damals auch die Erde. Auf der war es zuerst noch ganz dunkel, denn die Sonne entwickelte sich erst eine Milliarde Jahre später. Sie bildete sich aus Staub und Gas. Aus diesem Material entstanden auch die Sterne.

Im Weltall gibt es viele seltsame Gebilde zu sehen: rote Riesen, weiße Zwerge, grüne Männchen. Die leben auf dem Mars. Und pass gut auf: Wenn du heute Abend einschläfst, besuchen sie dich vielleicht …

Auflösungen

S. 11: B – Das Weltall dehnt sich aus.
S. 15: 14 Tausend, 80 Tausend, 30 Tausend. Insgesamt sind es 124 Tausend Kilometer.
S. 19: Galaxis a und Galaxis d haben 49 Sterne.
S. 23: Planeten a und e sind gleich.
S. 27: von GrünürG.
S. 31: Seestern und Ballon gehören nicht ins Weltall.
S. 35: C – Ein Sternbild „Dicker Fisch" gibt es nicht.
S. 39: C – Sternschnuppe.

S. 43: (siehe Abbildung)

S. 44, 45: Lillis Quatschgeschichte
In Wahrheit ist das Weltall unendlich. Es stimmt, dass es sich immer weiter ausdehnt. Wahr ist auch, dass es aus dem Urknall entstanden ist. Allerdings entstand nicht gleichzeitig die Erde, denn die ist „erst" 4,5 Milliarden Jahre alt. Falsch ist auch, dass die Sonne nach der Erde entstand. Die Sonne ist 5 Milliarden Jahre alt. Es stimmt, dass Sonne, Sterne und die Erde sich aus Staub und Gas bildeten. Im Weltall gibt es wirklich rote Riesen und weiße Zwerge. Von grünen Männchen ist nichts bekannt und auf dem Mars ist kein Leben möglich.

Register

A
Armstrong, Neil 26
Astrologe 32
Astronom 32
Atmosphäre 26

E
Erde 12, 16, 17, 18, 21

G
Galaxie 9, 10

H
Halleyscher Komet 36
Hubble Weltraumteleskop 40, 41

I
ISS 42

J
Jahreszeit 19
Jupiter 14, 15, 22

K
Komet 36

L
Lichtgeschwindigkeit 25
Lichtjahr 12

M
Mars 14, 21
Merkur 14, 20
Meteorit 38
Milchstraße 11
Mond 26

N
Neptun 23

R
Roter Riese 29

S
Saturn 14, 15, 22
Schwarzes Loch 9
Sonne 24, 25
Sonnensystem 12
Sternbild 32, 33, 34, 35
Stern 28, 29
Sternschnuppe 38

U
Uranus 15, 23
Urknall 8

V
Venus 14, 15, 21

W
Weißer Zwerg 29

Hexe Lilli – Das große Abenteuer des Wissens

978-3-401-09058-0

978-3-401-09059-7

978-3-401-09104-4

978-3-401-09218-8

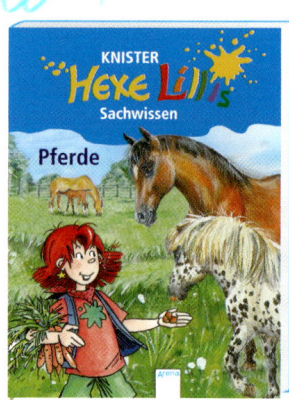

978-3-401-09260-7

978-3-401-09387-1

Jeder Band Hexe Lillis Sachwissen: Gebunden.
Mit farbigen Illustrationen von Birgit Rieger.
Mit Hexe Lilli Figur am Lesebändchen.

Arena
www.arena-verlag.de
www.knister.com